Hendrik Bergers

Die Welfen (Welf IV.) und ihre Herrschaft in Süddeutschland am Ende des 11. Jahrhunderts

GRIN Verlag

Bibliografische Information der Deutschen Nationalbibliothek:

Die Deutsche Bibliothek verzeichnet diese Publikation in der Deutschen National-
bibliografie; detaillierte bibliografische Daten sind im Internet über http://dnb.d-
nb.de/ abrufbar.

Dieses Werk sowie alle darin enthaltenen einzelnen Beiträge und Abbildungen
sind urheberrechtlich geschützt. Jede Verwertung, die nicht ausdrücklich vom
Urheberrechtsschutz zugelassen ist, bedarf der vorherigen Zustimmung des Verla-
ges. Das gilt insbesondere für Vervielfältigungen, Bearbeitungen, Übersetzungen,
Mikroverfilmungen, Auswertungen durch Datenbanken und für die Einspeicherung
und Verarbeitung in elektronische Systeme. Alle Rechte, auch die des auszugsweisen
Nachdrucks, der fotomechanischen Wiedergabe (einschließlich Mikrokopie) sowie
der Auswertung durch Datenbanken oder ähnliche Einrichtungen, vorbehalten.

Impressum:

Copyright © 2012 GRIN Verlag GmbH
Druck und Bindung: Books on Demand GmbH, Norderstedt Germany
ISBN: 978-3-656-71286-2

Dieses Buch bei GRIN:

http://www.grin.com/de/e-book/277988/die-welfen-welf-iv-und-ihre-herrschaft-in-
sueddeutschland-am-ende-des

GRIN - Your knowledge has value

Referatsverschriftlichung:
Die Welfen (Welf IV.) und die Herrschaft der Welfen in Süddeutschland
am Ende des 11. Jahrhunderts

Inhaltsverzeichnis

1.Einleitung

Der Schwerpunkt dieser Arbeit liegt, wie im Titel festgelegt, auf Welf IV. und seiner Herrschaft in Bayern. Besonders interessant ist hierbei der Vergleich zwischen nomineller und tatsächlicher Macht, welcher in diesem Kontext durchaus eine wichtige Rolle spielt. Weiterhin setze ich mich mit dem Investiturstreit auseinander und möchte beide Sachverhalte, welche auf den ersten Blick wenige Bezüge aufweisen, miteinander in Verbindung bringen. Dazu wird zunächst der Investiturstreit im Allgemeinen behandelt, wobei der Schwerpunkt jedoch eher auf die für den Titel relevanten Gegenstände gelegt wird. Danach werde ich mich mit Welf genauer auseinandersetzen und bei beiden Themenkomplexen versuchen, auftretende Zusammenhänge möglichst deutlich herauszustellen. Zwangsläufig kommt es gelegentlich zu Wiederholungen, da manche Sachverhalte durchaus in beiden Teilen eine Bedeutung besitzen. Im Fazit werde ich schließlich beide Oberthemen noch einmal miteinander verknüpfen und abschließend bewerten.

2.Historische Rahmenbedingungen: Der Investiturstreit

Im Folgenden wird der Hauptschwerpunkt meiner Auseinandersetzung mit dem Investiturstreit auf Bestandteile gelegt, die wenigstens im weiteren Sinne mit Welf IV beziehungsweise der deutschen Fürstenopposition im Zusammenhang stehen. Dadurch werden zwar sicherlich nicht alle Hintergründe und Tendenzen ersichtlich, allerdings ist so die Nähe zum Thema als auch eine gewisse inhaltliche Kompaktheit garantiert.

2.1 Der Investiturstreit bis Canossa (1077)

Als Ursprungskonflikt des Investiturstreits gilt trivialerweise die Investitur der geistlichen Ämter. Diese waren oft durch weltliche Stellen besetzt worden, sodass immer häufiger Laien die Inhaber geistlicher Macht waren. Prägendste Gestalten waren sicherlich Kaiser Heinrich IV. und Papst Gregor VII. Im Zusammenhang mit dieser Auseinandersetzung kommt dem Aufstand der deutschen Fürsten, dem auch Welf IV. Beitrat, eine besondere Bedeutung zu. Ausgangspunkt dieses Widerstandes war das Herzogtum Sachsen. Dort kam es schon ab dem Jahre 1073 zu offenen Konflikten, welche jedoch in erster Linie weltliche Themen behandelten, wie beispielsweise den königlichen Burgenbau in Sachsen.[1] Ebenfalls für Konfliktpotential sorgte Heinrichs Vorgehensweise, den geistlichen Adel stärker an sich zu binden.[2]

Als dieser Konflikt 1075 gelöst scheint und Heinrich seine königliche Stellung konsolidiert hat,

---

[1]Hartmann, Wilfried 2007, 20.
[2]Blumenthal, Uta-Renate 1982, 122.

tritt auch der Konflikt mit Rom offen zutage. Auslöser hierfür war die Ernennung nicht-geistlichen zum Erzbischof von Mailand durch den König. Als sich daraufhin viele Bischöfe von Gregor abwenden, muss dieser zu einer neuartigen Maßnahme greifen. Im Jahre 1076 erklärt er den König wegen ungebührlichen Verhaltens für abgesetzt und entbindet dessen Anhänger von all ihren Lehnseiden. Diese Exkommunikation hat einen erneuten Umschwung der meisten Bischöfe zur Folge und lässt Heinrichs Einvernehmen mit dem Episkopat zusammenbrechen.[3] Auch der sächsische Aufstand flackert wieder auf und vereinigt sich nun mit dem süddeutschen, wozu auch Welf zählt. Wichtig ist in diesem Zusammenhang ein Treffen der fürstlichen Opposition in Tribur im Oktober 1076. Dort kamen die reformreligiösen Fürsten darin überein, den König nicht mehr anzuerkennen, falls dieser seine Exkommunikation nach Jahresfrist nicht gelöst haben sollte. So sah Heinrich sich gezwungen, einen schnellen Ausgleich mit dem Papst zu bewerkstelligen. Am 25.1.1077 kommt es schließlich zu einem Treffen zwischen Papst und Kaiser in der italienischen Burg Canossa. Heinrich tut Buße und unterwirft sich Gregor. Mithilfe der Fürsprache Mathildes von Canossa, welche später im Zusammenhang mit Welf V eine wichtige Rolle spielt, gelingt es dem König, vom päpstlichen Bann gelöst zu werden. Trotz dieser scheinbaren Lösung des Konflikts wird wenig später in Forchheim ein Treffen einberufen, bei dem die Fürstenopposition einen eigenen König wählt. Dies scheint auch auf die Initiative Welfs zurückzugehen. Der neue Gegenkönig Rudolf von Rheinfelden verpflichtet sich, die Investitur der Geistlichkeit zu überlassen und verspricht, keine Simonie zu praktizieren oder zu dulden.[4] Hier wird die Verbindung und auch teilweise Überschneidung der gregorianischen und der fürstlich-oppositionellen Seite deutlich.

2.2 Konsolidierung Heinrichs bis zum Tode Gregors IV.

Nachdem Heinrich aus Italien zurückkehrt, ächtet er die oppositionellen Fürsten, unter ihnen auch Welf. Im weiteren Verlauf gelingt es dem König rasch, seine Position zu konsolidieren und seine Macht zu festigen. 1080 geht er sogar so weit, dem Papst ein Ultimatum zu stellen. In diesem fordert Heinrich die Exkommunizierung Rudolfs und droht mit der Ernennung eines Gegenpapstes.[5] Während sich der König mit den süddeutschen Fürsten beschäftigt hatte, war Gregor ebenfalls aktiv geworden. Er hatte eine erneute Bannung Heinrichs durch oppositionelle deutsche Bischöfe zumindest hingenommen und 1078 ein ausdrückliches Verbot der Laieninvestitur ausgesprochen. Im Rahmen des königlichen Ultimatums bestätigt Gregor den

---

[3]Hartmann, Wilfried 2007, 21.
[4]Hartmann, Wilfried 2007, 23-25.
[5]Hartmann, Wilfried 2007, 26.

Bann über Heinrich und akzeptiert Rudolf als König.[6] Dies wiederum kann Heinrich keinesfalls hinnehmen, weshalb er noch 1080 mit seinen geistlichen Anhängern die Absetzung Gregors beschließt.[7] Weiteren Aufschwung erhält der König dadurch, dass wenig später Rudolf in der Schlacht fällt. Nun beschließt Heinrich, obwohl seine Position in Süddeutschland keinesfalls derartig sicher war, nach Rom zu ziehen. Nach diversen Verzögerungen schafft es Heinrich im Jahr 1084 mit seinen dortigen Anhängern eine Synode in Rom einzuberufen. Dabei wird Gregor als Majestätsverbrecher seines Amtes enthoben und der Stuhl Petri mit Wibert von Ravenna, Papst Clemens III, besetzt. Gregor, der die Stadt schließlich aufgrund des brutalen Vorgehens seiner Verbündeten verlassen muss, stirbt bereits ein Jahr später.[8]

2.3 Fortsetzung des Konflikts bis zum Tode Heinrichs IV

Während sich Heinrich in Italien durchgesetzt hatte, war die Fürstenopposition ebenfalls aktiv geworden. So hatte die fürstlich-oppositionelle Geistlichkeit alle heinricianischen Bischöfe exkommuniziert, was Heinrich mit einer gleichen Maßnahme gegen die gregorianische Seite beantwortet. Keiner Seite gelingt jedoch die Durchsetzung all dieser Ansprüche, allerdings erleidet Heinrich im Jahr 1086 militärisch einige Rückschläge.[9] Diese kann man mit der Aussöhnung zwischen Welf IV und dm bayerischen Adel in diesem Zeitraum in Zusammenhang bringen. Der entscheidende Wendepunkt in Bayern hängt also eng mit dem Gesamtzusammenhang des Investiturstreits zusammen.

In Rom war nach Viktor III. Urban II im Jahre 1088 durch die Kardinäle zum Papst gewählt worden. Dieser bekannte sich zur gregorianischen Position und inszenierte eine Ehe zwischen Welf V und Mathilde von Tuszien, welche für Heinrich eine große Bedrohung darstellte. Auch hier besteht eine direkte Verbindung des Hauptkonfliktes zu Welf IV. Durch diesen Machtzuwachs seiner Anhänger in Italien hoffte er sich in Rom gegen Clemens III durchsetzen zu können. Dies sowie seine schwindende Machtbasis in Süddeutschland bewegten Heinrich zu einem neuerlichen Italienfeldzug im Jahre 1090. Nach anfänglichen Erfolgen konnte Heinrich sich nicht durchsetzen, sondern muss sogar die eigenmächtige Krönung seines Sohnes Konrads zum König von Italien hinnehmen. Konrad kann sich außerdem mit Urban arrangieren. In der Folge steckt Heinrich mehrere Jahre in Italien fest. Erst 1096 schafft es Heinrich durch die Aussöhnung mit Welf IV seine Handlungsfähigkeit zurückzugewinnen.[10] Hier zeigt sich der immense Einfluss Welfs IV auf den Verlauf des Investiturstreits am deutlichsten.

---

[6]Weinfurter, Stefan 2007, 156-157.
[7]Hartmann, Wilfried 2007, 27.
[8]Hartmann, Wilfried 2007, 28.
[9]Hartmann, Wilfried 2007, 29.
[10]Hartmann, Winfried 2007, 30-31.

Nach seiner Rückkehr nach Deutschland entzieht Heinrich IV seinem Sohn das Erbe sondern sichert dieses stattdessen seinem Bruder Heinrich zu. Dieser wird nach seinem Eid, sich nicht gegen den Kaiser zu erheben, zum König gekrönt. Ihre Fortsetzung finden die Probleme Heinrichs IV auch mit Urbans Nachfolger, Paschalis II. Dieser spricht erneut ein Investiturverbot aus und exkommuniziert Heinrich im Jahre 1102. Außerdem erhebt sich 104 Heinrich V gegen seinen Bruder, welcher bereits wieder mit Spannungen in Süddeutschland zu kämpfen hatte. Als Heinrich schließlich im Jahr 1106 stirbt, gelingt es Heinrich V rasch, die Herrschaft zu übernehmen und die deutschen Fürsten auf seine Seite zu ziehen.[11]

2.4 Heinrich V und das Ende des Investiturstreits

Das Verhältnis zwischen Heinrich V und Papst Paschalis II gestaltete sich als eher schwierig. Der König setzte weiterhin Bischöfe ein und widersetzte sich somit einem päpstlichen Investiturverbot. 1108 drohte Paschalis jedem Geber und Empfänger der Laieninvestitur mit der Bannung. 1111 gelang es Heinrich, den Papst gefangen zu nehmen und ihn zur Kaiserkrönung zu zwingen, welche wenig später erfolgte. In der Investiturfrage konnte Paschalis einen Kompromiss durchsetzen. Nach weiteren Konflikten wurde der Investiturstreit schließlich durch Paschalis Nachfolger, Calixt II, im Wormser Konkordat 1022 beigelegt.[12]

3.Welf IV und seine Rolle als Machthaber im Investiturstreit

3.1 Welf IV. als Adeliger am Hofe Ottos von Northeim

Aufgrund mangelnder Informationen gibt es kaum nennenswertes zu Welfs Jugend zu berichten, sogar sein Geburtsjahr lässt sich nur vage eingrenzen. Es wird zwischen 1030 und 1040 vermutet. Das erste sicherlich nennenswerte Datum, nämlich Welfs Reise nach Deutschland auf Wunsch seiner Großmutter Imiza, wird auch mit Unsicherheit auf das Jahr 1056 datiert, möglicherweise aber auch später. Dort soll Welf das Erbe seines Onkels Welf III. antreten, welcher keine Nachkommen hinterlassen hatte.[13] In Süddeutschland unterwies Imiza ihren Enkel mit den örtlichen Gepflogenheiten und machte ihn mit den territorialen Ansprüchen seiner Dynastie vertraut.[14]

Als erste gesicherte Erkenntnis gilt die Hochzeit Welfs IV. Mit Ethelinde, der Tochter des

---

[11]Hartmann, Wilfried 2007, 32-33.
[12]Hartmann, Wilfried 2007, 34-42.
[13]Baaken, Katrin 2004, 199-202.
[14]Kramer, Ferdinand 2001, 74. aus Die Herrscher Bayerns

Herzogs Otto von Northeim, im Jahre 1061. Dadurch erlangt Welf Zugang zum Hofe Ottos und unterstützt den Herzog mit militärischen sowie beratenden Maßnahmen. 1070 schließlich wird Otto durch König Heinrich IV. wegen anscheinenden Hochverrats seiner Ämter enthoben und zur Flucht ins eigenständigere Schwaben gezwungen. Nun verstößt Welf IV seine Ehefrau und wendet sich von Otto ab. Ob Welf sich dadurch des frevelhaften Meineids schuldig macht oder sich lediglich und sinnvollerweise nicht einer hoffnungslosen Sache verschreibt bleibt hierbei ungeklärt. Sicherlich gibt es für beide Thesen gute Argumente. Im folgenden konzentriert der angehende Herzog all seine Kraft auf das Erlangen des bayerischen Dukats. So lässt er Heinrich Teile seiner Erbgüter sowie seines Vermögens zukommen. Dies würdigt der König noch im selben Jahre durch die Ernennung Welfs IV. (oder Herzog Welf I.) zum Herzog von Bayern. Gründe hierfür sind neben den bereits erwähnten Schenkungen sicherlich die scheinbar felsenfeste Loyalität Welfs zum König als auch die territorial etablierte Position der Welfen in Süddeutschland.[15] Diese ist jedoch soweit beschränkt, dass Welf als Herzog nach wie vor abhängig von der Unterstützung des Königs bleibt, was sich im weiteren Verlauf bestätigen sollte.[16] Ungewöhnlich hingegen erscheint der Bruch zur salischen Tradition, Bayern mehr oder minder als herzogliche Provinz zu verwalten. Mit den Welfen gelingt es einem lokal präsenten Adelsgeschlecht, das Dukat innezuhaben.[17]

Grob lässt sich sagen, dass dieser Besitz im westlichen Grenzraum des bayerischen Herzogtums zum schwäbischen liegt. Punktuell liegen verstreute Kleingüter vor.[18] Außerdem zählt auch norditalienischer Besitz zu den welfischen Gütern.[19] Ebenfalls eine Rolle spielen die Vogteirechte über diverse Klöster im Südwesten Bayerns.[20]

Diese Phase könnte sicherlich zu Recht als irrelevant oder zumindest sekundär eingestuft werden, jedoch werden hier bereits wichtige Tendenzen sichtbar, wie beispielsweise Welf als „Mann, der nach seinem persönlichen Vorteil handelt" (Patze 1981: 146) und seine Einstellung zur Macht und dessen Mittel, diese zu erreichen.

3.2 Herzog Welf I bis 1077

In den ersten Jahren seines Dukats gelingt es Welf IV. nicht, in Bayern politisch Fuß zu fassen und autonome Entscheidungen zu treffen.[21] Dies liegt vor allem daran, dass es in Bayern

---

[15]Seibert, Hubertus 2004, 226-229.
[16]Hechberger, Werner 2007, 78.
[17]Seibert, Hubertus 2004, 229.
[18]Bauer, Dieter Richard; Becher, Matthias (Hg.): Welf IV. Schlüsselfigur einer Wendezeit. Regionale und europäische Perspektiven; München 2004, S. 448 Abbildung Nr. 1.
[19]Baaken, Katrin 1998, 226.
[20]Kramer, Ferdinand 2001, 74,81.
[21]Seibert, Hubertus 2004, 232.

7

durchaus eigenständig herrschende Grafenfamilien gibt. Die territoriale Basis der Welfen im Kernraum Bayerns war vermutlich zu gering, als dass Welf großartige Akzente hätte setzen können.[22] Zu viele der lokalen Machthaber sind Welf nicht gewogen, da sie bei der Einsetzung des neuen Herzogs übergangen worden waren. Auch sind die Besitzungen Welfs in Bayern zu gering, als dass er dadurch seine Herrschaft profilieren könnte. Die herzogliche Autorität ist außerdem sehr gering, da diese in der Vergangenheit stets deutlich von der königlichen überschattet worden war. Als wichtigste Stütze der welfischen Herrschaft bleibt somit das Wohlwollen des Heinrichs. Ein Bündnis mit diesem ist essentiell für die Herzogsansprüche Welfs in dieser Zeit.[23] Im Jahre 1071 heiratet Welf IV Judith von Flandern, welche über weitreichende europäische Beziehungen verfügt.[24] Noch 1075 erringt Heinrich mithilfe Welfs sowie Rudolfs von Rheinfelden (schwäbischer Herzog) einen enormen Sieg gegen die seit 1073 gegen den König revoltierenden Sachsen.[25] Begründet durch den für die Herzöge bedrohlichen Machtzuwachs Heinrichs lässt sich noch im selben Jahr feststellen, dass das königlich-welfische Bündnis stark bröckelt. Als Gründe hierfür sind die von Heinrich zunehmend eingeschränkte herzogliche Herrschaft sowie der sich anbahnende Investiturstreit zwischen Gregor VII. und Heinrich IV. als auch der Konflikt zwischen dem König und den aufständischen Fürsten in Sachsen zu nennen.[26] So versucht Heinrich im Reich eine direkte königliche Herrschaft zuungunsten der Herzöge zu etablieren. In Kombination mit der Bannung des Königs durch den Papst 1076 sowie dessen „unbestreitbaren moralischen Mängeln" (Kraus 1983: 75) sorgt dies für gewaltigen politischen Sprengstoff.[27] Bereits ein Jahr später wendet sich Welf völlig vom König ab und tritt der deutschen Fürstenopposition gegen den König bei. 1077 beruft Heinrich IV schließlich ein Treffen seiner immer noch zahlreichen Unterstützer ein und verurteilt Welf sowie die weiteren Verschwörer, wie beispielsweise Rudolf von Rheinfelden oder Berthold I von Zähringen, zum Tode und enthebt sie aller Ämter. Das bayerische Herzogsamt wird daraufhin nicht neu vergeben, sondern untersteht wieder direkt dem König. Im Zeitraum bis ca. 1086 etabliert sich Bayern als Ausgangsbasis und Rückzugsort der salischen Partei.[28] Besonders die lokalen Machthaber, wie Grafen und Vögte, hatten von Welfs Absetzung durch einen Macht- und Herrschaftszuwachs profitiert.[29]

Rudolf von Rheinfelden, Herzog im ebenfalls aufständischen Schwaben und Verbündeter Welfs,

---

[22]Hechberger, Werner 2004, 83.
[23]Seibert, Hubertus 2004, 232-235.
[24]Laudage, Johannes 2004. Auch: Störmer, Wilhelm 1998, 80.
[25]Kraus, Andreas 1983, 75. Auch: Weinfurter, Stefan 2007, 55.
[26]Seibert, Hubertus 2004, 236-237.
[27]Kraus, Andreas 1983, 75.
[28]Seibert, Hubertus 2004, 238-241.
[29]Kraus, Andreas 1983, 81.

wird im März 1077 bei der Königswahl in Forchheim durch die Fürstenopposition zum (Gegen-) König gewählt.[30] Es gelingt ihm jedoch kaum, diesem Anspruch gerecht zu werden, da er bereits wenige Jahre später fällt.

Nach seiner Absetzung flüchtet sich Welf in die relative Sicherheit seiner Besitzungen in Schwaben und unterstützt von dort die anti-salische Seite.[31] Hier zeigt sich, dass mit dem Umschwung Welfs zur reformreligiösen Fürstenopposition keineswegs das gesamte Herzogtum Bayern die Seiten gewechselt hat, sondern eher das Gegenteil der Fall ist, nämlich eine Solidarisierung der bayerischen Fürsten mit Heinrich, der Fall war.[32] Kernelement dieser Phase ist sicherlich die große Abhängigkeit des Herzog vom König. Welf ist kaum in der Lage, politisch Fuß zu fassen geschweige denn autonome Entscheidungen zu treffen. Dies zeigt sich zum Beispiel daran, dass Welf bei ersten Konflikten mit dem König sofort als Herzog widerrufen wird. Er kann seinem Herrschaftsanspruch nur an der Seite des Königs ansatzweise gerecht werden. Da jedoch der König die Macht der Herzöge sukzessiv zugunsten der Macht der Grafen und Vögte einschränkt, sieht Welf sich gezwungen, die Seite zu wechseln. Ohne den König als Unterstützer beläuft sich die faktische Macht Welfs in Bayern auf ein Minimum, wie es ab dem Jahre 1077 der Fall ist.

3.3 Die Führungsrolle Welfs IV in der fürstlichen Opposition ab 1077 und seine Rehabilitierung 1096

Von seinen Gütern in Schwaben aus unternimmt Welf keine Anstrengungen, die verlorenen Ämter und Würden zurückzuerlangen. Er fügt sich seiner militärisch aussichtslosen Lage und unterstützt lediglich den schwäbischen Aufstand und dessen Führer Berthold I und seinen gleichnamigen Sohn gegen Heinrich IV.[33] Außerdem kommt es zu heftigen Konflikten mit dem Bischof von Augsburg, welchem von Heinrich welfische Güter übertragen worden waren. Im Verlauf dieses Konfliktes plündert Welf IV die Bischofsresidenz mehrere Male.[34] Der Wendepunkt ist schließlich im Jahre 1086 zu finden. Zum Osterfest söhnt sich Welf mit der Mehrzahl der bayerischen Adeligen aus und kann sich deren Unterstützung gegen Heinrich sichern. Als Grund dafür wird ein erfolgloser Feldzug Heinrichs gegen die Sachsen Anfang 1086 aufgeführt. Ab 1086 zählen zu Welfs Verbündeten auch zunehmend Mitglieder der süddeutschen Geistlichkeit. Hauptakteur ist dabei Erzbischof Gebhard von Salzburg, welcher sich schon seit ca. 1077 für die reformreligiösen Interessen der gregorianischen Seite einsetzte. Von den

---

[30]Störmer, Wilhelm 1998, 81-82.
[31]Seibert, Hubertus 2004, 245.
[32]Hechberger, Werner 2007, 84. Auch: Kramer, Ferdinand 2001, 85.
[33]Seibert, Hubertus 2004, 245.
[34]Kramer, Ferdinand 2001, 82.

geistlichen Unterstützern seiner Sache profitierte Welf vor allem insofern, als dass er bedeutende Güter von ihnen empfing. Dies gelang Welf in erster Linie durch Huldigung gegenüber wichtigen Geistlichen. [35] Als beispielhaft könnte hier die erneute Eroberung Augsburgs sowie die Einsetzung eines gregorianischen Bischofs dort gesehen werden. Als Welf durch eine vom neuen Papst Urban II arrangierte Ehe seines Sohnes, ebenfalls Welf, mit Mathilde von Tuszien auch über die Markgrafschaft Tuszien in Mittelitalien gebietet, gerät Heinrich weiter unter Druck. [36] Nun schafft Welf es sukzessiv, die salischen Stellungen in Bayern aufzureiben. [37] Besonders prekär für Heinrich ist die Möglichkeit Welfs, dank des Besitzes in Tuszien die Alpenpässe sperren zu können. Dies mindert Heinrichs Mobilität erheblich und kann von ihm nicht hingenommen werden. [38]

Zunehmend ist Welf nun auch in der Lage, die herzoglichen Rechte in Bayern wahrzunehmen. Hauptelement dieser Rechte ist die Wahrung des ländlichen Friedens in Bayern sowie auch in Süddeutschland, welche Welf erfolgreich inszeniert. [39] So gelingt es beispielsweise 1094 durch seine Initiative den bayerischen Landfrieden durchzusetzen. [40] Dies stellt einen Gegensatz zur Zeit der Abwesenheit Welfs dar, welche durch blutige Auseinandersetzungen bestimmt war. Um 1090 ist die königliche Position in Süddeutschland weitestgehend zusammengebrochen. Einen Kontrapunkt zu dieser Entwicklung stellt die Herzogsresidenz Regensburg dar, welche stets in heinricianischer Hand war. Abgesehen davon tritt Welf jedoch besonders stark im Zeitraum ab 1090 als faktischer Herzog Bayerns auf. Dies kann auch der König bei der Aussöhnung beider 1096 nicht bestreiten und setzt Welf IV im selben Jahr wieder als Herzog ein. [41] Basis für diesen Ausgleich war die Annullierung der Ehe von Welf V mit Mathilde, da diese ihre Güter insgeheim bereits im Vorhinein an die päpstliche Seite vermacht hatte. Da diese Güter jedoch bald der heinricianischen Seite zufielen, näherte sich die welfische Position der Heinrichs. [42]

1098 geht Heinrich sogar noch einen Schritt weiter, indem er das Herzogtum dem dynastischen Besitz der Welfen unterstellt. Das Herzogtum Bayern ist also von nun an welfisches Erbgut. [43]

Nun wendet sich Welf nach Süden in Richtung Italien, wo er die Herrschaft über den gesamten otbertinischen Familienbesitz, welcher zwischen Welf und seinen Halbbrüdern Fulco und Hugo aufgeteilt worden war. [44]

---

[35]Seibert, Hubertus 2004, 247-249, 256.
[36]Kraus, Andreas 1983, 82.
[37]Seibert, Hubertus 2004, 249.
[38]Störmer, Wilhelm 1998, 83.
[39]Seibert, Hubertus 2004, 258.
[40]Hechberger, Werner 2007, 85.
[41]Seibert, Hubertus 2004, 258-259.
[42]Störmer, Wilhelm 1998, 84.
[43]Seibert, Hubertus 2004, 259.
[44]Baaken, Katrin 1998, 213.

4. Fazit

Auch wenn die Herrschaft Welfs auf den ersten Blick ein ausschließlich lokaler Sachverhalt ist, der sich keinesfalls auf überregionale Konflikte wie den Investiturstreit auswirken könnte. Dass dies keineswegs der Fall ist, wird hier ausführlich dargestellt worden sein. Am markantesten tritt die Verbindung beider Sachverhalte sicherlich bei der von Welf mit inszenierten Königswahl Rudolfs, welche für Heinrich nicht hinnehmbar ist. Darüber hinaus spielt Welfs Aussöhnung mit dem Kaiser im Jahre 1096 auch eine große Rolle im historischen Gesamtzusammenhang, da Heinrich dadurch seine Handlungs- und Bewegungsfähigkeit zurückerlangt. Zusammenfassend lässt sich sagen, dass Welf trotz seiner Rolle als sekundärer Akteur einige (mit-)entscheidende Akzente im Investiturstreit gesetzt hat.

In sehr engem Zusammenhang dazu steht auch die tatsächliche Macht, welche Welf in seinem Herzogtum ausübt. Zunächst ist er auf den Kaiser angewiesen, trennt sich aber bald von diesem und wechselt ins gregorianische Lager. Ebenso bedeutend ist für die welfische Herrschaft jedoch die Aussöhnung mit den bayerischen Fürsten, welche Welf 1086 erreicht. Nun faktisch als Herzog agierend erkennt auch Heinrich den Welfen 1096 an.

5. Literaturhinweise:

Baaken, Katrin: Zwischen Augsburg und Venedig. Versuche der Welfen zur Sicherung von Herrschaft und Profit; in: Rainer Loose, Sönke Lorenz (Hg.): König, Kirche, Adel. Herrschaftsstrukturen im mittleren Alpenraum und angrenzenden Gebieten (6.-13. Jahrhundert), Bozen 1998.

Baaken, Katrin:Welf IV., der „geborene Italiener" als Erbe des Welfenhauses; in: Bauer, Dieter Richard (Hg.): Welf IV. Schlüsselfigur einer Wendezeit. Regionale und europäische Perspektiven; München 2004.

Blumenthal, Uta-Renate: Der Investiturstreit; Stuttgart u.a. 1982.

Hartmann, Wilfried: Der Investiturstreit; 3. überarbeitete und erweiterte Auflage, München 2007.

Hechberger, Werner: Die Erbfolge von 1055 und das welfische Selbstverständnis; in: Bauer, Dieter Richard (Hg.): Welf IV. Schlüsselfigur einer Wendezeit. Regionale und europäische Perspektiven; München 2004.

Hechberger, Werner: Herzog und Herzogtum. Die Welfen in Bayern; In: Schmid, Peter: Die Geburt Österreichs. 850 Jahre privilegium minus; Regensburg 2007.

Kramer, Ferdinand: Die Welfen. Eine europäische Dynastie in Bayern; in: Alois Schmid, Katharina Weigand (Hg.): Die Herrscher Bayerns. 25 historische Portraits von Tassilo III. Bis Ludwig III.; München 2001.

Kraus, Andreas: Geschichte Bayerns. Von den Anfängen bis zur Gegenwart; München 1983.

Patze, Hans: Die Welfen in der Mittelalterlichen Geschichte Europas; in: Blätter für deutsche Landesgeschichte 117 (1981); 139-166.

Seibert, Hubertus: Vom königlichen dux zum Herzog von Bayern. Welf IV. Und der Südosten des Reiches; in: Bauer, Dieter Richard (Hg.): Welf IV. Schlüsselfigur einer Wendezeit. Regionale und europäische Perspektiven; München 2004.

Störmer, Wilhelm: Die süddeutschen Welfen unter besonderer Berücksichtigung ihrer Herrschaftspolitik im bayerisch-schwäbischen Grenzraum; in: Karl-Ludwig Ay, Lorenz Maier, u.a. (Hg.): Die Welfen. Landesgeschichtliche Aspekte ihrer Herrschaft; Konstanz 1998.

Weinfurter, Stefan: Canossa. Die Entzauberung der Welt; München³ 2007.